Langenscheidt

Bild-Wörterbuch Englisch

1000 Wörter für den leichten Start

the octopus
der Krake

Langenscheidt

Berlin · München · Wien · Zürich · New York

Titelgestaltung: Independent Medien Design

Umwelthinweis: Gedruckt auf chlorfrei gebleichtem Papier

© 2003 by Langenscheidt KG, Berlin und München
Originalausgabe: © Berlitz Publishing/APA Publications GmbH & Co. Verlag KG Singapore Branch, Singapore
Printed in Germany
ISBN-13: 978-3-468-20361-9
ISBN-10: 3-468-20361-6
www.langenscheidt.de

4. 5. 6. 7. * 09 08 07 06

Inhaltsverzeichnis

The family
Die Familie

to smile
lächeln

my uncle
mein Onkel

my dad
mein Papa

my mum
meine Mama

my aunt
meine Tante

the baby
das Baby

the camera
der Fotoapparat

my grandpa
mein Opa

my grandma
meine Oma

the son
der Sohn

the daughter
die Tochter

the dog
der Hund

the man
der Mann

the woman
die Frau

the necklace
die Halskette

the bracelet
das Armband

the husband
der Ehemann

the wife
die Ehefrau

the beard
der Bart

to hug
umarmen

the ring
der Ring

the watch
die Armbanduhr

my sister
meine Schwester

my brother
mein Bruder

the girl
das Mädchen

the puppy
das Hündchen

the kitten
das Kätzchen

the boy
der Junge

5

The kitchen
Die Küche

the dishes
das Geschirr

the cupboard
der Schrank

the telephone
das Telefon

the oven
der Ofen

the microwave oven
die Mikrowelle

to roast
braten

to bake
backen

the apron
die Schürze

to wash the dishes
spülen

the milk
die Milch

to mix
vermischen

to spill
verschütten

the bowl
die Schüssel

the sugar
der Zucker

the measuring cup
der Messbecher

the flour
das Mehl

the honey
der Honig

the pot
der Topf

the frying pan
die Bratpfanne

burnt
verbrannt

the toaster
der Toaster

the toast
das Toastbrot

the biscuit
der Keks

the freezer
das Gefrierfach

to cook
kochen

to smell
riechen

the cheese
der Käse

to boil
kochen

the orange juice
der Orangensaft

the egg
das Ei

the food
das Essen

the stove
der Herd

the butter
die Butter

the fridge
der Kühlschrank

The living room
Das Wohnzimmer

the picture
das Bild

the photo
das Foto

the door
die Tür

the headphones
die Kopfhörer

the CD player
der CD-Player

to sing
singen

the piano
das Klavier

to play the piano
Klavier spielen

the tape player
der Kassettenrekorder

the cassette tape
die Kassette

the CD
die CD

the vase
die Vase

the curtain
der Vorhang

the birdcage
der Vogelkäfig

the cat
die Katze

the plant
die Pflanze

the television
der Fernseher

the book shelf
das Bücherregal

the video recorder
der Videorekorder

the coffee table
der Couchtisch

the newspaper
die Zeitung

the lamp
die Lampe

the couch
die Couch

the armchair
der Sessel

the magazine
die Zeitschrift

the carpet
der Teppich

The bedroom
Das Schlafzimmer

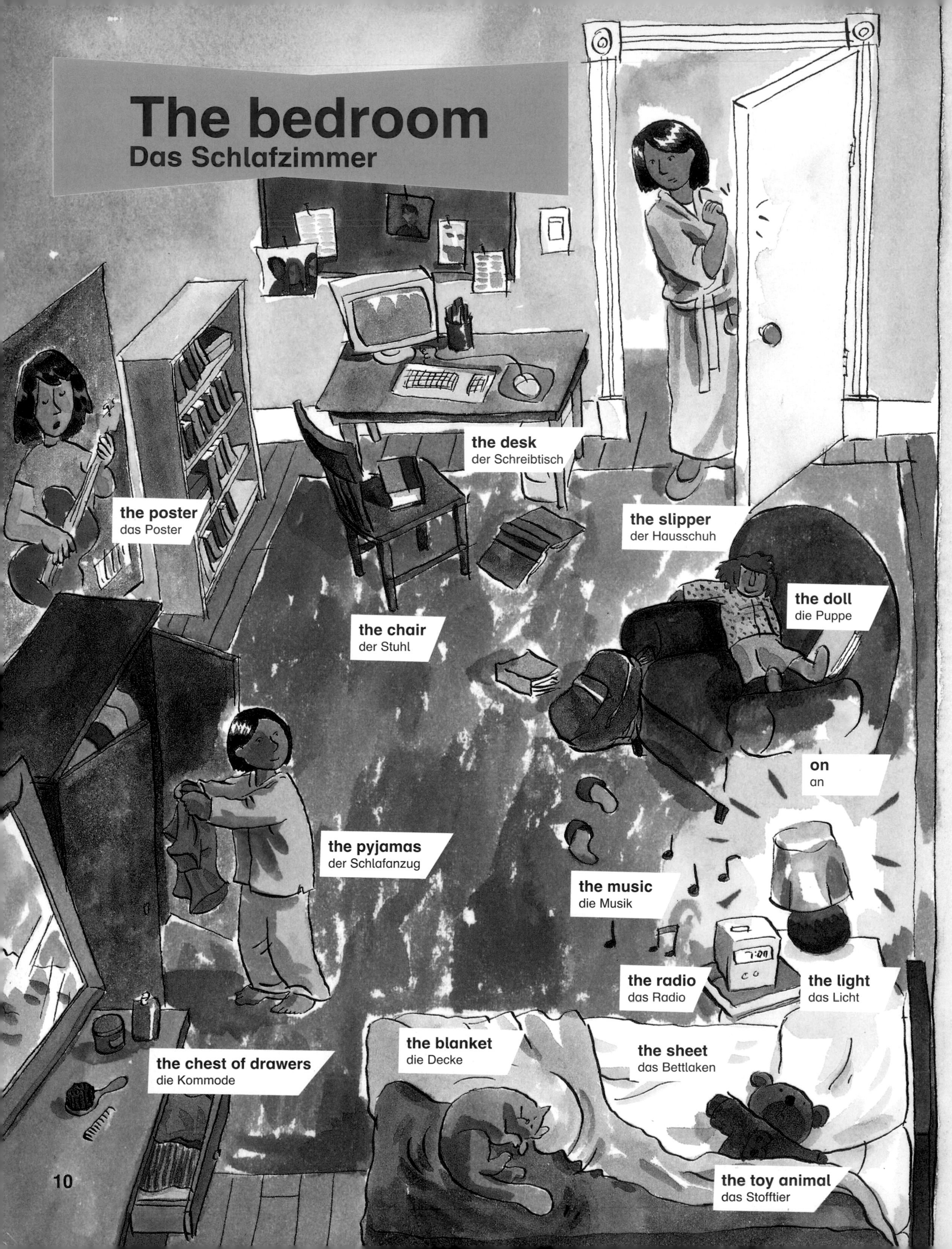

the poster
das Poster

the desk
der Schreibtisch

the slipper
der Hausschuh

the chair
der Stuhl

the doll
die Puppe

on
an

the pyjamas
der Schlafanzug

the music
die Musik

the radio
das Radio

the light
das Licht

the chest of drawers
die Kommode

the blanket
die Decke

the sheet
das Bettlaken

the toy animal
das Stofftier

10

the wall
die Wand

the light switch
der Lichtschalter

the clothes hanger
der Kleiderbügel

the window
das Fenster

the closet
der Schrank

the comic book
das Comicheft

off
aus

the toys
das Spielzeug

the sock
die Socke

the alarm clock
der Wecker

the drawer
die Schublade

to sleep
schlafen

the bed
das Bett

the pillow
das Kissen

11

The bathroom
Das Badezimmer

the medicine cabinet
der Medizinschrank

the electric razor
der Rasierapparat

the comb
der Kamm

the perfume
das Parfüm

the mirror
der Spiegel

the toothbrush
die Zahnbürste

to brush your teeth
sich die Zähne putzen

the soap
die Seife

the facecloth
der Waschlappen

the sink
das Waschbecken

the toothpaste
die Zahnpasta

to wash
sich waschen

the bathrobe
der Bademantel

the floor
der Boden

to dry
abtrocknen

clean
sauber

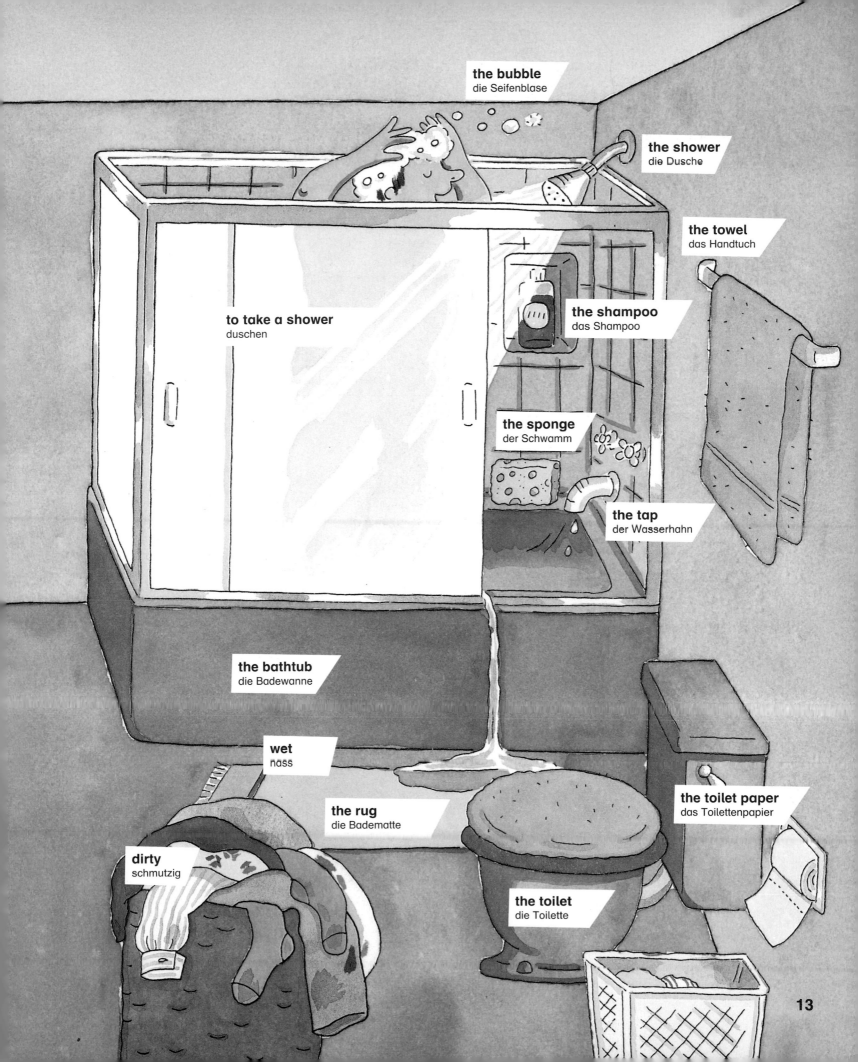

the bubble
die Seifenblase

the shower
die Dusche

the towel
das Handtuch

the shampoo
das Shampoo

to take a shower
duschen

the sponge
der Schwamm

the tap
der Wasserhahn

the bathtub
die Badewanne

wet
nass

the rug
die Badematte

the toilet paper
das Toilettenpapier

dirty
schmutzig

the toilet
die Toilette

The workshop
Die Werkstatt

the lock
das Schloss

the rake
der Rechen

the drill
der Bohrer

the hole
das Loch

the stairs
die Treppe

the screw
die Schraube

the flowerpot
der Blumentopf

the wheel
das Rad

to repair
reparieren

the bicycle
das Fahrrad

the pliers
die Zange

the padlock
das Vorhängeschloss

the key
der Schlüssel

the toolbox
der Werkzeugkasten

14

15

The birthday party
Die Geburtstagsparty

to give
geben

to dance
tanzen

the game
das Spiel

the balloon
der Ballon

the dice
die Würfel

the knife
das Messer

the plate
der Teller

the sweet
das Bonbon

the spoon
der Löffel

the fork
die Gabel

16

the video camera
die Videokamera

the candle
die Kerze

to blow
blasen

the cake
der Kuchen

the bow
die Schleife

the present
das Geschenk

the birthday card
die Geburtstagskarte

the smile
das Lächeln

to open
öffnen

the ribbon
das Band

to unwrap
auspacken

the wrapping paper
das Geschenkpapier

17

The shopping centre
Das Einkaufszentrum

right
rechts

the shop assistant
der Verkäufer

left
links

the sneaker
der Turnschuh

the shoe
der Schuh

the change
das Kleingeld

to zip up
den Reißverschluss zuziehen

the money
das Geld

to sell
verkaufen

the blouse
die Bluse

the dress
das Kleid

the handbag
die Handtasche

the price
der Preis

the skirt
der Rock

the tie
die Krawatte

the glasses
die Brille

the hat
der Hut

to buy
kaufen

the suit
der Anzug

the belt
der Gürtel

the pocket
die Hosentasche

the jeans
die Jeans

up
hinauf

to try on
anprobieren

the trousers
die Hose

the T-shirt
das T-Shirt

down
hinunter

the shop assistant
die Verkäuferin

the bargain
das Sonderangebot

the customer
der Kunde

the shorts
die Shorts

the shirt
das Hemd

19

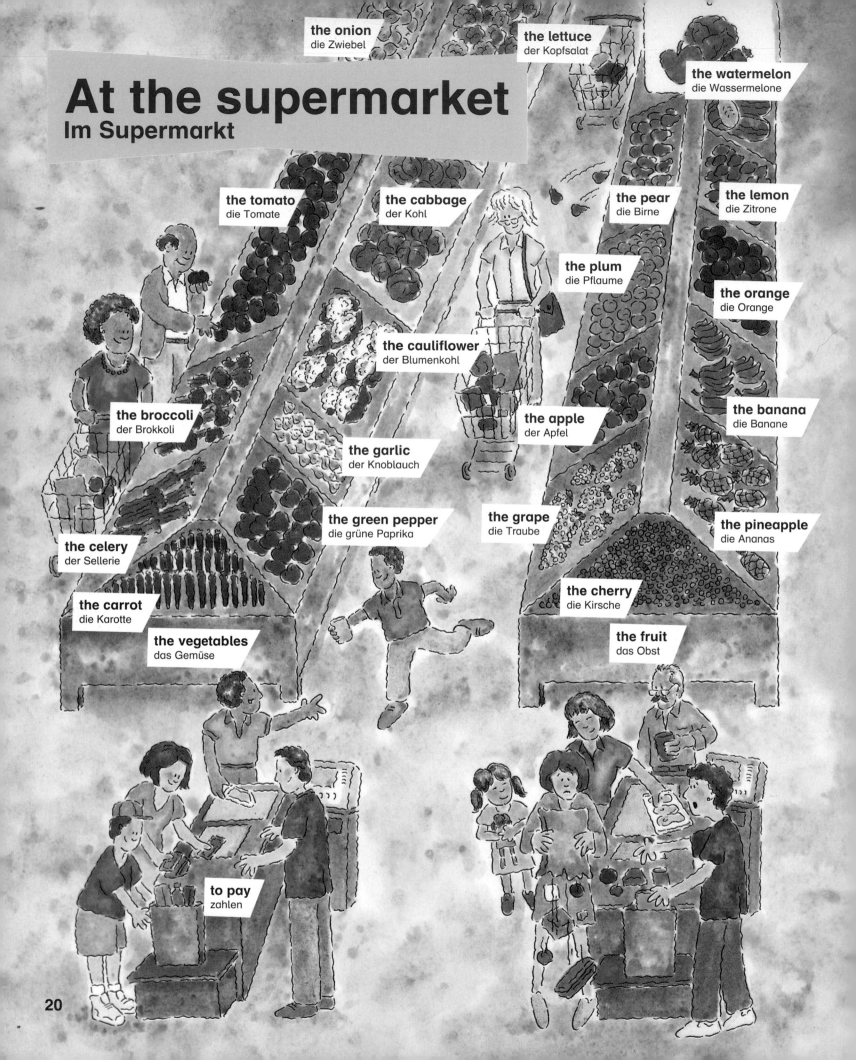

At the supermarket
Im Supermarkt

the onion
die Zwiebel

the lettuce
der Kopfsalat

the watermelon
die Wassermelone

the tomato
die Tomate

the cabbage
der Kohl

the pear
die Birne

the lemon
die Zitrone

the plum
die Pflaume

the orange
die Orange

the cauliflower
der Blumenkohl

the broccoli
der Brokkoli

the apple
der Apfel

the banana
die Banane

the garlic
der Knoblauch

the celery
der Sellerie

the green pepper
die grüne Paprika

the grape
die Traube

the pineapple
die Ananas

the cherry
die Kirsche

the carrot
die Karotte

the vegetables
das Gemüse

the fruit
das Obst

to pay
zahlen

the meat
das Fleisch

the yogurt
der Joghurt

the fish
der Fisch

the bean
die Bohne

the shelf
das Regal

the aisle
der Gang

the muesli
das Müsli

the rice
der Reis

the trolley
der Einkaufswagen

the bag
die Einkaufstüte

At the restaurant
Im Restaurant

the bread
das Brot

to trip
stolpern

the spaghetti
die Spaghetti

the chicken
das Hühnchen

to be hungry
hungrig sein

the bottle
die Flasche

the dinner
das Abendessen

the table
der Tisch

the waitress
die Kellnerin

hot
heiß

to drink
trinken

the salad
der Salat

the glass
das Glas

the napkin
die Serviette

the soup
die Suppe

the water
das Wasser

the tablecloth
das Tischtuch

the coffee
der Kaffee

the dessert
die Nachspeise

to share
teilen

to pour
gießen

the menu
die Speisekarte

the cup
die Tasse

the waiter
der Kellner

the pepper
der Pfeffer

to eat
essen

to cut
schneiden

the salt
das Salz

the pizza
die Pizza

23

The classroom
Das Klassenzimmer

the notice-board
das Schwarze Brett

the glue
der Klebstoff

the book
das Buch

the computer
der Computer

the crayons
die Buntstifte

the calendar
der Kalender

the pen
der Stift

the teacher
die Lehrerin

the dictionary
das Wörterbuch

to read
lesen

the teacher
der Lehrer

the number
die Zahl

the homework
die Hausaufgabe

the pupil
der Schüler

the pupil
die Schülerin

At the zoo
Im Zoo

light
leicht

heavy
schwer

the hippopotamus
das Nilpferd

the crocodile
das Krokodil

the elephant
der Elefant

the alligator
der Alligator

the guide
der Führer

strong
stark

the gorilla
der Gorilla

to hang
hängen

to sit
sitzen

to scratch
kratzen

to climb
klettern

the monkeys
die Affen

the chimpanzee
der Schimpanse

the polar bear
der Eisbär

the leopard
der Leopard

the bear
der Bär

the rhinoceros
das Nashorn

the tail
der Schwanz

the zoo keeper
die Zoowärterin

the tiger
der Tiger

the horn
das Horn

to take photos
fotografieren

the zebra
das Zebra

to roar
brüllen

the gazelle
die Gazelle

the giraffe
die Giraffe

the lion
der Löwe

the animal
das Tier

the cub
das Junge

the lioness
die Löwin

the ostrich
der Strauß

27

In the park
Im Park

the picnic basket
der Picknickkorb

to play hide and seek
Verstecken spielen

the ant
die Ameise

the potato chips
die Kartoffelchips

the lemonade
die Limonade

the squirrel
das Eichhörnchen

the picnic
das Picknick

the sandwich
das Sandwich

the folding table
der Campingtisch

the birdhouse
das Vogelhäuschen

the nut
die Nuss

to sneeze
niesen

the bush
der Strauch

the sign
das Schild

the path
der Weg

the roller skates
die Rollschuhe

the kite
der Drachen

to swing
schaukeln

the playground
der Spielplatz

the swing
die Schaukel

the slide
die Rutsche

the fountain
der Brunnen

to skip
seilhüpfen

the see-saw
die Wippe

the Frisbee
das Frisbee

the sandbox
der Sandkasten

to bark
bellen

the helmet
der Helm

the grass
das Gras

the skate board
das Skateboard

the in-line skates
die Inlineskates

29

The amusement park
Der Erlebnispark

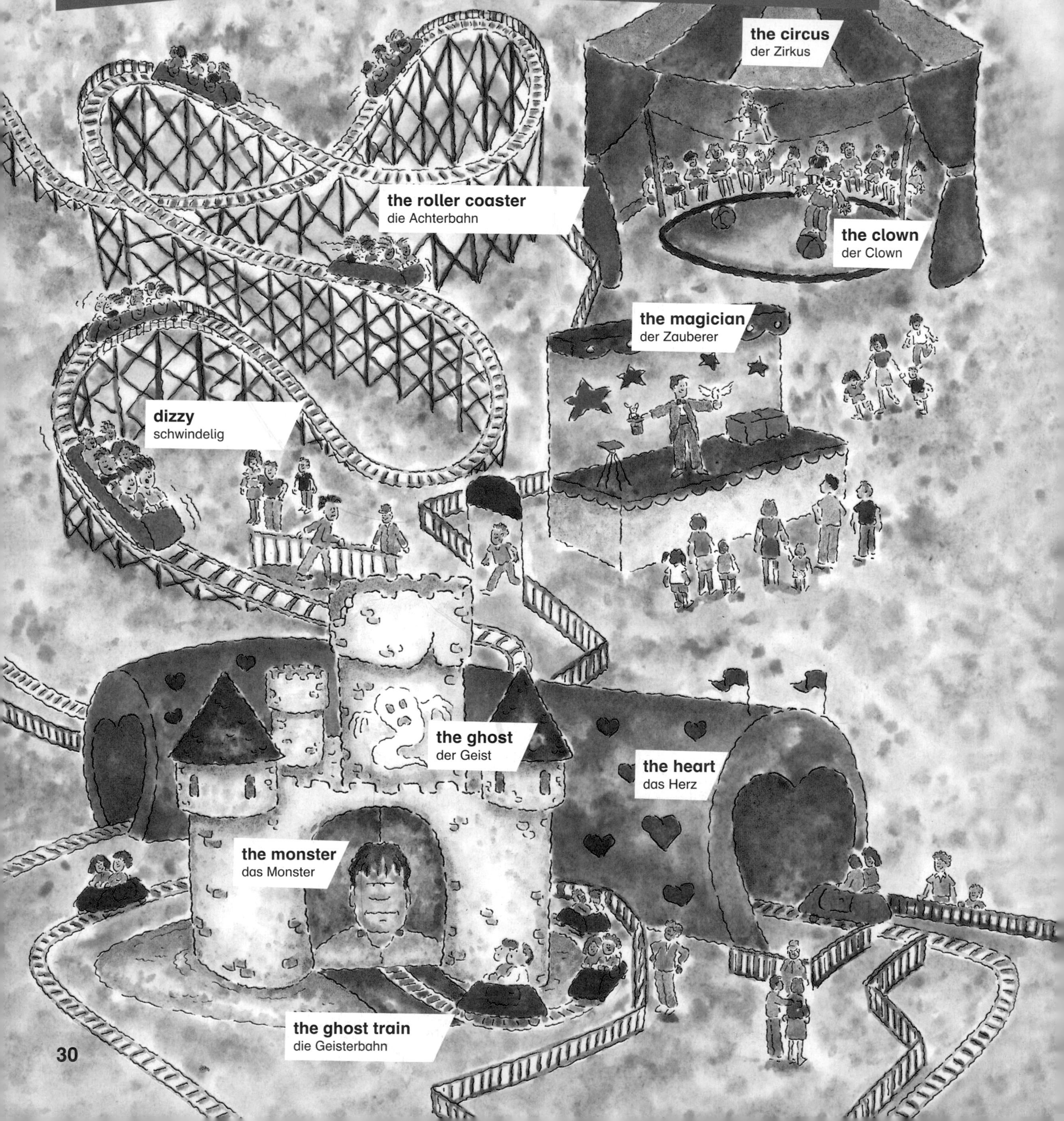

the circus
der Zirkus

the clown
der Clown

the roller coaster
die Achterbahn

the magician
der Zauberer

dizzy
schwindelig

the ghost
der Geist

the heart
das Herz

the monster
das Monster

the ghost train
die Geisterbahn

the concert
das Konzert

the singer
der Sänger

the loudspeakers
die Lautsprecher

high
hoch

the big wheel
das Riesenrad

the microphone
das Mikrofon

the bow
der Bogen

the target
die Zielscheibe

low
niedrig

the arrow
der Pfeil

the Punch and Judy Show
das Kasperletheater

the merry-go-round
das Karussell

the candy floss
die Zuckerwatte

the ticket
die Eintrittskarte

the queue
die Schlange

31

The hospital
Das Krankenhaus

the medicine
das Medikament

the doctor
der Arzt

the nurse
die Krankenschwester

the wheelchair
der Rollstuhl

the ambulance
der Rettungswagen

the elevator
der Aufzug

the plaster cast
der Gips

the stretcher
die Trage

the bandage
der Verband

the female doctor
die Ärztin

the x-ray
das Röntgenbild

the male nurse
der Krankenpfleger

to be ill
krank sein

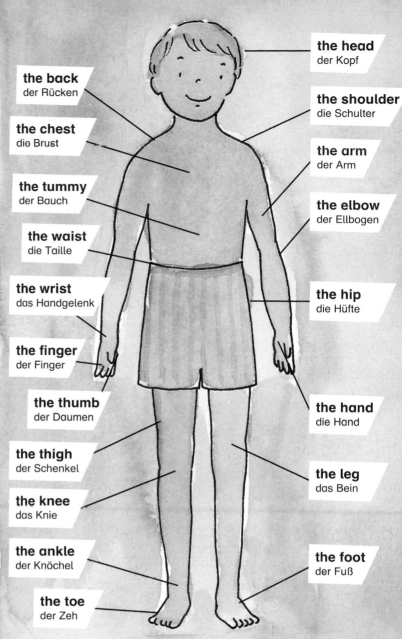

the back
der Rücken

the chest
dio Brust

the tummy
der Bauch

the waist
die Taille

the wrist
das Handgelenk

the finger
der Finger

the thumb
der Daumen

the thigh
der Schenkel

the knee
das Knie

the ankle
der Knöchel

the toe
der Zeh

the head
der Kopf

the shoulder
die Schulter

the arm
der Arm

the elbow
der Ellbogen

the hip
die Hüfte

the hand
die Hand

the leg
das Bein

the foot
der Fuß

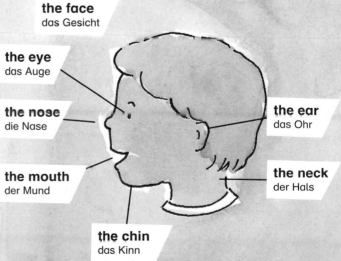

the face
das Gesicht

the eye
das Auge

the nose
die Nase

the mouth
der Mund

the ear
das Ohr

the neck
der Hals

the chin
das Kinn

33

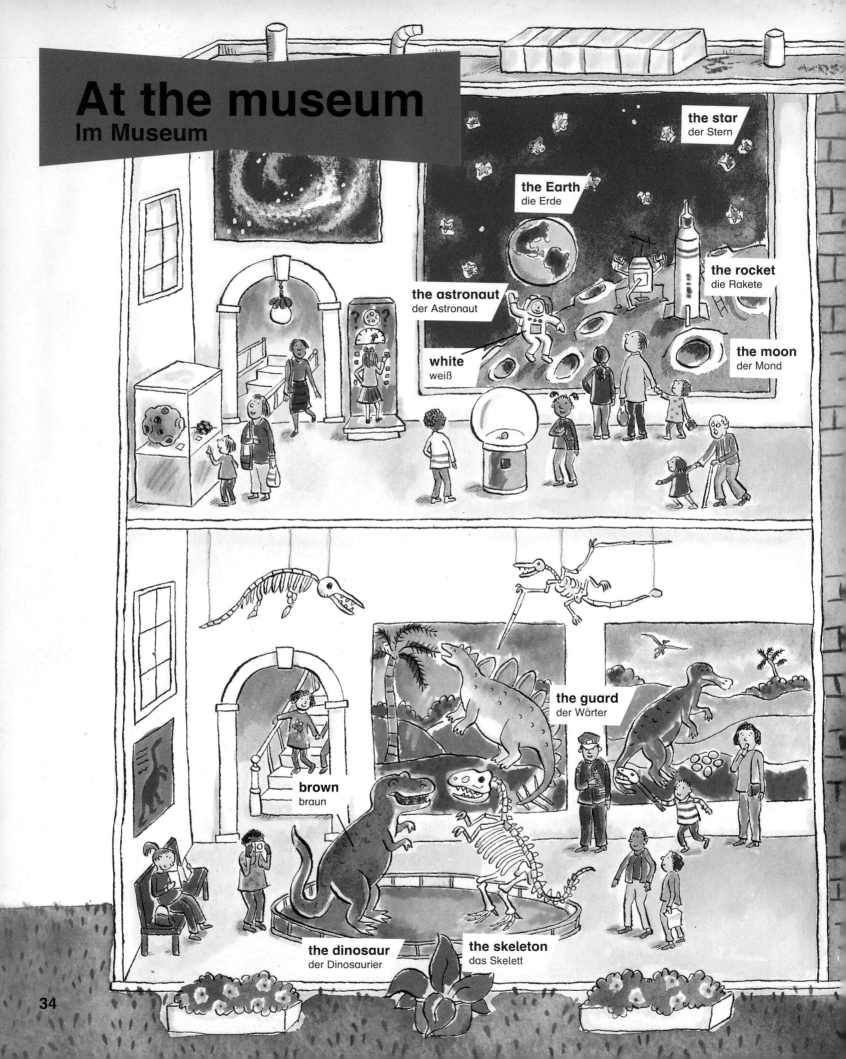

At the museum
Im Museum

the star
der Stern

the Earth
die Erde

the rocket
die Rakete

the astronaut
der Astronaut

the moon
der Mond

white
weiß

the guard
der Wärter

brown
braun

the dinosaur
der Dinosaurier

the skeleton
das Skelett

light blue
hellblau

the art
die Kunst

the painting
das Gemälde

purple
lila

pink
rosa

black
schwarz

orange
orange

the dots
die Tupfen

red
rot

the stripes
die Streifen

green
grün

dark blue
dunkelblau

grey
grau

the sculpture
die Skulptur

yellow
gelb

the exit
der Ausgang

the pyramid
die Pyramide

the exhibition
die Ausstellung

the entrance
der Eingang

the mummy
die Mumie

35

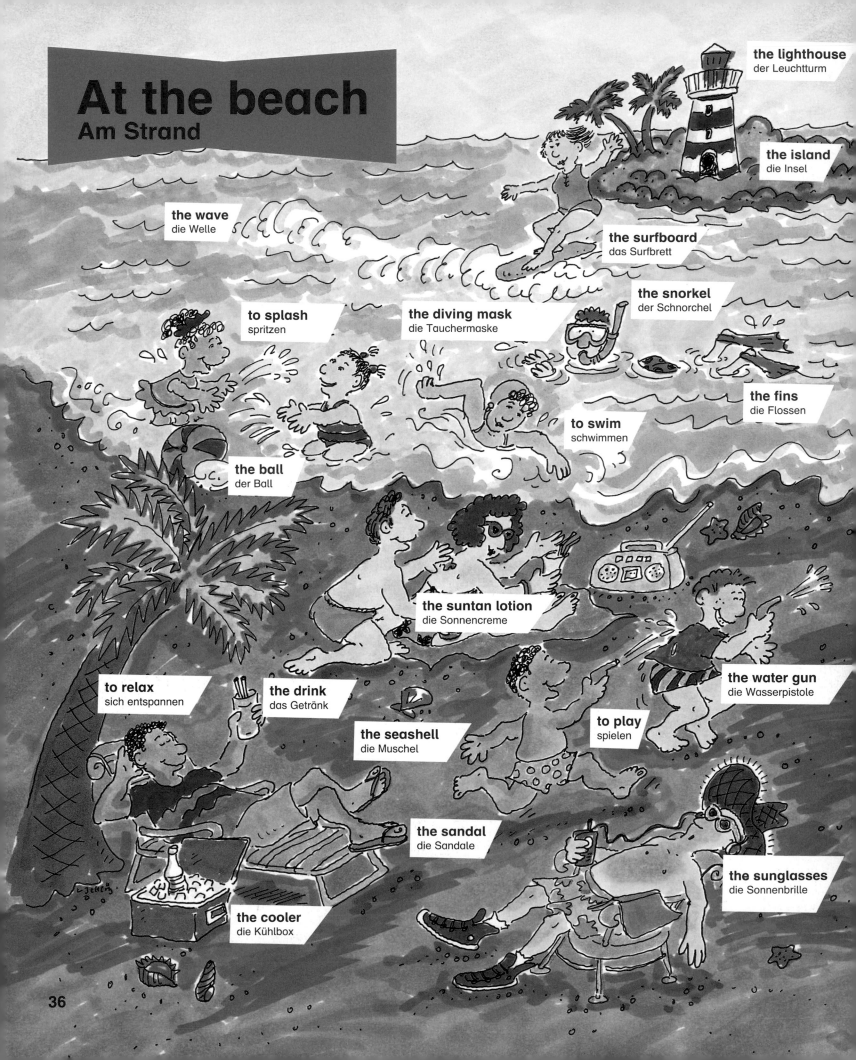

the sun
die Sonne

the sailing boat
das Segelboot

the palmtree
die Palme

to dive
tauchen

the seagull
die Möwe

the rock
der Fels

the sand castle
die Sandburg

the swimsuit
der Badeanzug

the sand
der Sand

the bucket
der Eimer

the volleyball
der Volleyball

the lifeguard
der Rettungsschwimmer

the net
das Netz

37

The city
Die Stadt

the petrol station
die Tankstelle

the van
der Lieferwagen

Good-bye!
Auf Wiedersehen!

the hotel
das Hotel

the taxi
das Taxi

the petrol
das Benzin

the lorry
der Lastwagen

the underground
die Untergrundbahn

the highway
die Autobahn

the shop
der Laden

the traffic lights
die Ampel

to walk
gehen

the car
das Auto

the building
das Gebäude

the firefighter
der Feuerwehrmann

the fire
das Feuer

the ladder
die Leiter

the flat
die Wohnung

the payphone
das öffentliche Telefon

loud
laut

the fire engine
das Feuerwehrauto

the pavement
der Bürgersteig

the police officer
der Polizist

the clock
die Uhr

the traffic sign
das Verkehrsschild

the street
die Straße

the bank
die Bank

Hello!
Guten Tag!

Hi!
Hallo!

the bus stop
die Bushaltestelle

to talk
sprechen

the bus
der Bus

to stand
stehen

the scooter
der Motorroller

the bus driver
der Busfahrer

to drive
fahren

39

The town
Die Kleinstadt

the roof
das Dach

the house
das Haus

the greengrocer's
der Gemüseladen

the parade
der Umzug

the litter bin
der Abfalleimer

to paint
malen

the paintbrush
der Pinsel

the painter
der Maler

the tooth
der Zahn

the dentist
der Zahnarzt

the scissors
die Schere

the hairdresser's
der Friseursalon

the haircut
der Haarschnitt

the hairdresser
der Friseur

the town hall
das Rathaus

the post office
das Postamt

the flag
die Fahne

the letter
der Brief

the band
die Muslkkapelle

the letter-box
der Briefkasten

to stop
anhalten

the motorcycle
das Motorrad

the bench
die Parkbank

the ice cream
das Eis

the cinema
das Kino

chocolate Schokolade
vanilla Vanille
strawberry Erdbeere

the movle
der Film

the ice cream shop
die Eisdiele

41

The countryside
Das Land

cloudy
bewölkt

the lightning
der Blitz

to rain
regnen

the storm
der Sturm

the rain
der Regen

the cottage
das Häuschen

the wind
der Wind

the leaf
das Blatt

the umbrella
der Regenschirm

the raincoat
der Regenmantel

the tree
der Baum

42

the cloud
die Wolke

the rainbow
der Regenbogen

the mountain
der Berg

the tunnel
der Tunnel

the bridge
die Brücke

the train
der Zug

the butterfly
der Schmetterling

the rabbit
der Hase

the river
der Fluss

the fox
der Fuchs

the hill
der Hügel

the pasture
die Weide

the bird
der Vogel

the flower
die Blume

43

At the farm
Auf dem Bauernhof

the shepherd
der Schäfer

the sheep
das Schaf

the lamb
das Lamm

the goat
die Ziege

the colt
das Fohlen

the horse
das Pferd

the calf
das Kalb

the cow
die Kuh

the bull
der Stier

the fence
der Zaun

the frog
der Frosch

the well
der Brunnen

the duck
die Ente

the pond
der Teich

the goose
die Gans

the stable
der Stall

the pig
das Schwein

the saddle
der Sattel

the hay
das Heu

to ride
reiten

44

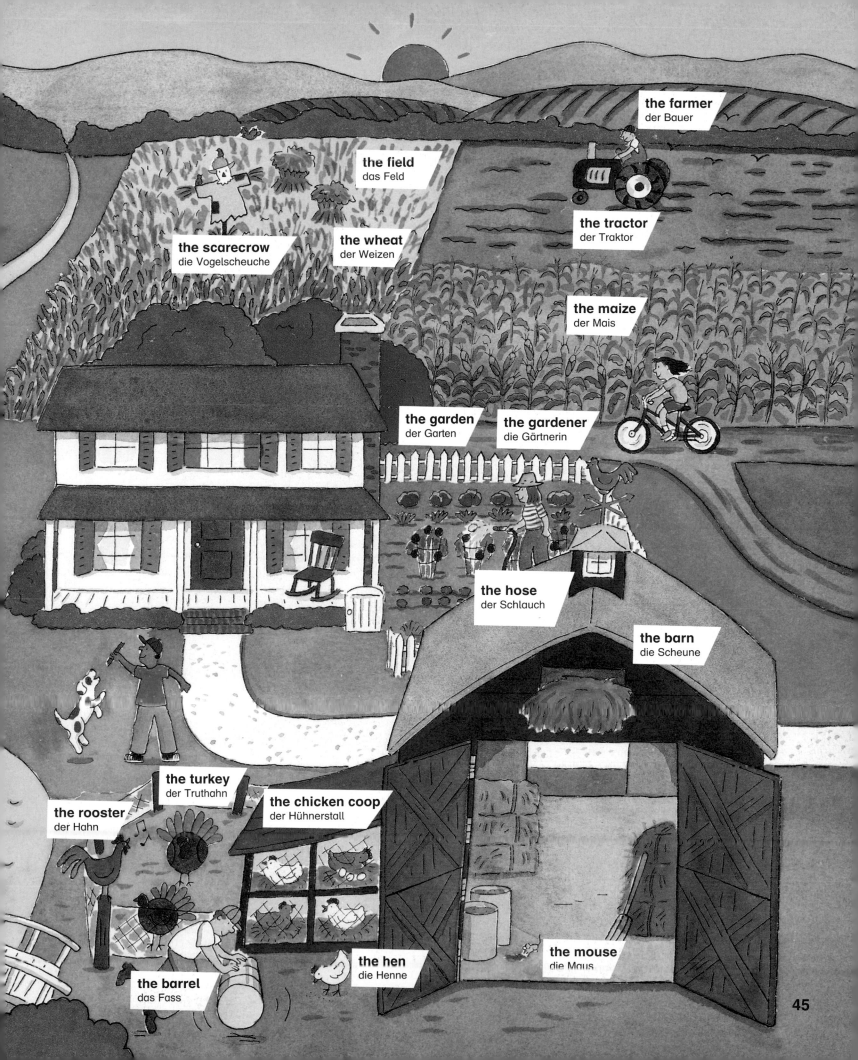

the farmer
der Bauer

the field
das Feld

the tractor
der Traktor

the scarecrow
die Vogelscheuche

the wheat
der Weizen

the maize
der Mais

the garden
der Garten

the gardener
die Gärtnerin

the hose
der Schlauch

the barn
die Scheune

the turkey
der Truthahn

the chicken coop
der Hühnerstall

the rooster
der Hahn

the hen
die Henne

the mouse
die Maus

the barrel
das Fass

45

The camping
Das Camping

the eagle
der Adler

the deer
das Reh

the porcupine
das Stachelschwein

the binoculars
das Fernglas

the waterfall
der Wasserfall

the nest
das Nest

the beaver
der Biber

the cap
die Mütze

the torch
die Taschenlampe

the map
die Landkarte

the walking stick
der Wanderstock

the tent
das Zelt

the snake
die Schlange

the sleeping bag
der Schlafsack

the skunk
das Stinktier

the smoke
der Rauch

the matches
die Streichhölzer

the raccoon
der Waschbär

the grill
der Grill

the campfire
das Lagerfeuer

the trail
der Pfad

Winter sports
Wintersport

the sweater
der Pullover

to break
brechen

to fall
fallen

to ski
Ski fahren

the snow
der Schnee

the snowman
der Schneemann

the goggles
die Skibrille

to clap
klatschen

the jacket
die Jacke

the skis
die Skier

the boots
die Stiefel

the shovel
die Schaufel

to shout
schreien

the sled
der Schlitten

the gloves
die Handschuhe

the snowboard
das Snowboard

the scarf
der Schal

the mittens
die Fäustlinge

the snowball
der Schneeball

to be cold
frieren

the coat
der Mantel

the ice
das Eis

the goalie
der Torwart

the goal
das Tor

to ice-skate
Schlittschuh laufen

the hockey stick
der Hockeyschläger

the ice skates
die Schlittschuhe

the hockey player
der Hockeyspieler

the puck
der Puck

49

Summer sports
Sommersport

the spectator
der Zuschauer

soccer
Fußball

the soccer player
der Fußballspieler

to kick
schießen

to pass
zuspielen

the soccer ball
der Fußball

to run
laufen

the basketball
der Basketball

to shoot
werfen

the tennis racket
der Tennisschläger

to practice
trainieren

the basket
der Korb

the tennis ball
der Tennisball

the basketball player
der Basketballspieler

to dribble
dribbeln

tennis
das Tennis

the tennis player
der Tennisspieler

the diving board
das Sprungbrett

the life preserver
der Rettungsring

the swimming pool
das Schwimmbad

the baseball
der Baseball

to hit
schlagen

to throw
werfen

to catch
fangen

the baseball bat
der Baseballschläger

the baseball glove
der Baseballhandschuh

the coach
der Trainer

the base
das Base

the team
die Mannschaft

the baseball player
der Baseballspieler

51

The ocean
Der Ozean

the walrus
das Walross

the whale
der Wal

the seal
der Seehund

the jelly fish
die Qualle

the cuttlefish
der Tintenfisch

the submarine
das U-Boot

the turtle
die Schildkröte

the shark
der Hai

the fish
der Fisch

the conch
die Muschel

52

the coral
die Koralle

open
offen

closed
geschlossen

the starfish
der Seestern

53

The travel
Die Reise

to travel
reisen

the cruise ship
das Kreuzfahrtschiff

the pilot
der Pilot

the airport
der Flughafen

to land
landen

the tugboat
der Schlepper

the suitcase
der Koffer

the boat
das Boot

the customs
der Zoll

the traffic
der Verkehr

54

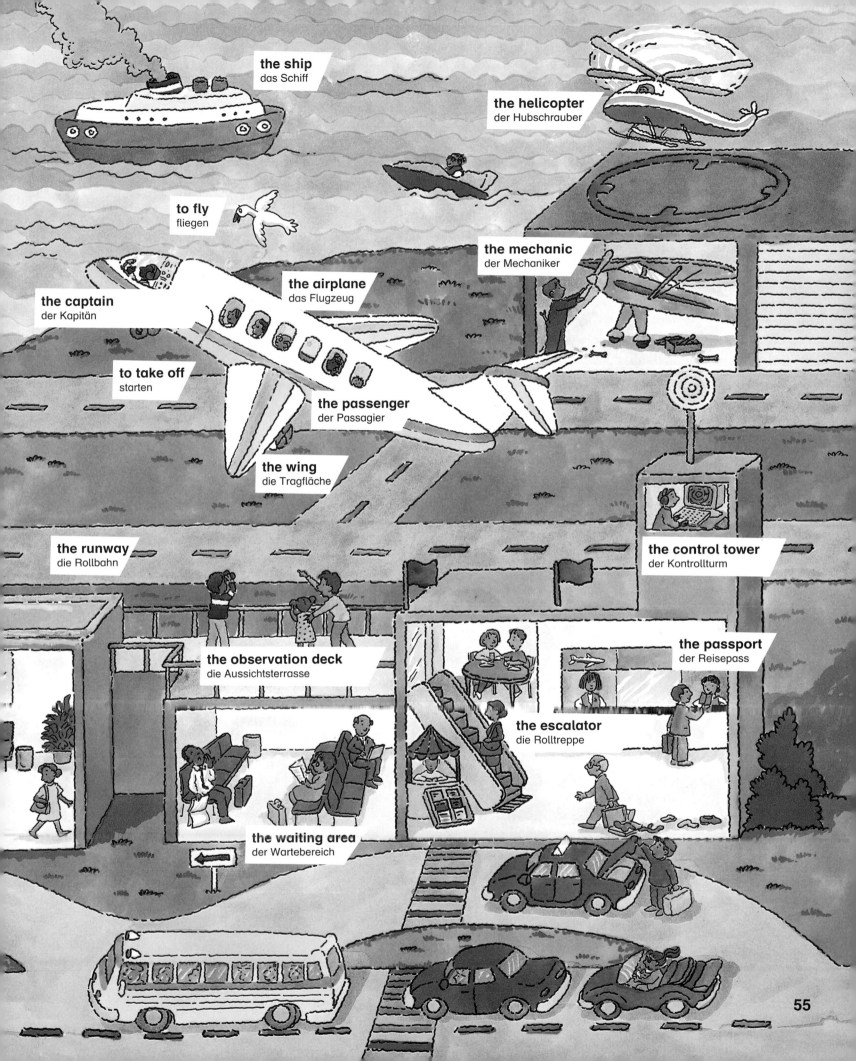

the ship
das Schiff

the helicopter
der Hubschrauber

to fly
fliegen

the mechanic
der Mechaniker

the airplane
das Flugzeug

the captain
der Kapitän

to take off
starten

the passenger
der Passagier

the wing
die Tragfläche

the control tower
der Kontrollturm

the runway
die Rollbahn

the passport
der Reisepass

the observation deck
die Aussichtsterrasse

the escalator
die Rolltreppe

the waiting area
der Wartebereich

Noch mehr Wörter

Words to describe	Wörter zum Beschreiben
angry	zornig
beautiful	schön
big	groß
boring	langweilig
the broom	der Besen
busy	beschäftigt
difficult	schwierig
easy	einfach
happy	glücklich
hard	hart
magenta	magenta
narrow	eng
plaid	kariert
quiet	ruhig
sad	traurig
short	kurz
small	klein
straight	gerade
thick	dick
thin	dünn
tired	müde
warm	warm
wide	breit

Nouns	Substantive
the alphabet	das Alphabet
the answer	die Antwort
the autumn	der Herbst
the battery	die Batterie
the bone	der Knochen
the bottom	das Unterteil
the box	die Schachtel
the breakfast	das Frühstück
the broom	der Besen
the castle	das Schloss
the ceiling	die Decke
the chapter	das Kapitel
the chocolate bar	der Schokoriegel
the circle	der Kreis

the clothes	die Kleidung
the colour	die Farbe
the cowboy	der Cowboy
the crown	die Krone
the dining room	das Esszimmer
the dragon	der Drache
the elf	der Kobold
the end	das Ende
the envelope	der Umschlag
the fairy	die Fee
the forest	der Wald
the giant	der Riese
the grade	die Schulnote
the guitar	die Gitarre
the gum	der Kaugummi
the heat	die Hitze
the hero	der Held
the king	der König
the knight	der Ritter
the lunch	das Mittagessen
the name	der Name
the owl	die Eule
the peanut	die Erdnuss
the prince	der Prinz
the princess	die Prinzessin
the promise	das Versprechen
the queen	die Königin
the question	die Frage
the shield	der Schild
the spring	der Frühling
the stamp	die Briefmarke
the staples	die Heftklammern
the stool	der Hocker
the story	die Geschichte
the summer	der Sommer
the surprise	die Überraschung
the sword	das Schwert
the tea	der Tee
the test	der Test
the top	die Oberseite
the triangle	das Dreieck
the underwear	die Unterwäsche

the unicorn	das Einhorn
the vacation	der Urlaub
the violin	die Geige
the wand	der Zauberstab
the winter	der Winter
the witch	die Hexe
the wolf	der Wolf
the zipper	der Reiß-verschluss

Verbs	Verben
can	können
to build	bauen
to close	schließen
to cry	weinen
to do	tun
to draw	zeichnen
to dream	träumen
to go	gehen
to guess	raten
to have	haben
to hear	hören
to kiss	küssen
to like	mögen
to listen	zuhören
to live	leben
to love	lieben
to make	machen
to pull	ziehen
to push	drücken
to see	sehen
to sew	nähen
to study	lernen
to take	nehmen
to tie	binden
to touch	berühren
to wake up	aufwachen
to want	wollen
to wave	winken
to wear	tragen
to whistle	pfeifen

Numbers	Die Zahlen
zero	null
one	eins
two	zwei
three	drei
four	vier
five	fünf
six	sechs
seven	sieben
eight	acht
nine	neun
ten	zehn
eleven	elf
twelve	zwölf
thirteen	dreizehn
fourteen	vierzehn
fifteen	fünfzehn
sixteen	sechzehn
seventeen	siebzehn
eighteen	achtzehn
nineteen	neunzehn
twenty	zwanzig
thirty	dreißig
forty	vierzig
fifty	fünfzig
sixty	sechzig
seventy	siebzig
eighty	achtzig
ninety	neunzig
one hundred	einhundert
two hundred	zweihundert
three hundred	dreihundert
four hundred	vierhundert
five hundred	fünfhundert
six hundred	sechshundert
seven hundred	siebenhundert
eight hundred	achthundert
nine hundred	neunhundert
one thousand	eintausend
one million	eine Million

Ordinal numbers	Die Ordnungszahlen
first	erster, erste, erstes
second	zweiter, zweite, zweites
third	dritter, dritte, drittes
fourth	vierter, vierte, viertes
fifth	fünfter, fünfte, fünftes
sixth	sechster, sechste, sechstes
seventh	siebter, siebte, siebtes
eighth	achter, achte, achtes
ninth	neunter, neunte, neuntes
tenth	zehnter, zehnte, zehntes

Days	Die Tage
Monday	Montag
Tuesday	Dienstag
Wednesday	Mittwoch
Thursday	Donnerstag
Friday	Freitag
Saturday	Samstag, Sonnabend
Sunday	Sonntag

Months	Die Monate
January	Januar
February	Februar
March	März
April	April
May	Mai
June	Juni
July	Juli
August	August
September	September
October	Oktober
November	November
December	Dezember

Elements of time – Zeitangaben	
the day	der Tag
early	früh
the hour	die Stunde
late	spät
the minute	die Minute
the month	der Monat
the second	die Sekunde
today	heute
tomorrow	morgen
the week	die Woche
the year	das Jahr
yesterday	gestern

Useful words	Nützliche Wörter
and	und
at	an, bei, zu
behind	hinter
beside	neben
between	zwischen
but	aber
down	tief
he	er
her	ihr, ihre
his, its	sein, seine
I	ich
in	in
in front of	vor
inside	drinnen
it	es
maybe	vielleicht
Mr	Herr
Mrs	Frau
my	mein, meine
no	nein
of	von
off	ab
on	auf
our	unser, unsere
outside	draußen
over	über
she	sie
their	ihr, ihre
they	sie
to	zu
under	unter
up	hoch
we	wir
with	mit
yes	ja
your	dein, deine
your	euer, eure

Register

A

ab off [ɒf] 57
das Abendessen the dinner ['dɪnə] 22
aber but [bʌt] 57
der Abfalleimer the litter bin ['lɪtə‿bɪn] 40
abtrocknen to dry [draɪ] 12
acht eight [eɪt] 57
achter, achte, achtes eighth [eɪtθ] 57
die Achterbahn the roller coaster ['rəʊlə‿kəʊstə] 30
achthundert eight hundred [ˌeɪt'hʌndrəd] 57
achtzehn eighteen [ˌeɪ'ti:n] 57
achtzig eighty ['eɪtɪ] 57
addieren to add [æd] 25
der Adler the eagle ['i:gl] 46
die Ärztin the female doctor ['fi:meɪl 'dɒktə] 33
die Affen the monkeys ['mʌŋki:z] 26
der Alligator the alligator ['ælɪgeɪtə] 26
das Alphabet the alphabet ['ælfəbet] 56
die Ameise the ant [ænt] 28
die Ampel the traffic lights ['træfɪk‿laɪts] 38
an on [ɒn] 10
an, bei, zu at [æt] 57
die Ananas the pineapple ['paɪnæpl] 20
anhalten to stop [stɒp] 41
anprobieren to try on [traɪ 'ɒn] 19
die Antwort the answer ['a:nsə] 56
der Anzug the suit [su:t] 19
der Apfel the apple ['æpl] 20
April April ['eɪprəl] 57
der Arm the arm [a:m] 33
das Armband the bracelet ['breɪslət] 5
die Armbanduhr the watch [wɒtʃ] 5
der Arzt the doctor ['dɒktə] 32
der Astronaut the astronaut ['æstrənɔ:t] 34
auf on [ɒn] 57
Auf Wiedersehen good-bye [ˌgʊd'baɪ] 38
aufwachen to wake up [weɪk 'ʌp] 56
der Aufzug the elevator ['elɪveɪtə] 32
das Auge the eye [aɪ] 33
August August ['ɔ:gəst] 57
aus off [ɒf] 11
der Ausgang the exit ['eksɪt] 35
auspacken to unwrap [ʌn'ræp] 17
die Aussichtsterrasse the observation deck [ˌɒbzə'veɪʃn‿dek] 55
die Ausstellung the exhibition [ˌeksɪ'bɪʃn] 35
das Auto the car [ka:] 38
die Autobahn the highway ['haɪweɪ] 38
Autsch! Ouch! [aʊtʃ] 15

B

das Baby the baby ['beɪbɪ] 4
backen to bake [beɪk] 6
der Badeanzug the swimsuit ['swɪmsu:t] 37
der Bademantel the bathrobe ['ba:θrəʊb] 12
die Badematte the rug [rʌg] 13
die Badewanne the bathtub ['ba:θtʌb] 13
das Badezimmer the bathroom ['ba:θru:m] 12
der Bär the bear [beə] 27
der Ball the ball [bɔ:l] 36
der Ballon the balloon [bə'lu:n] 16
die Banane the banana [bə'na:nə] 20
das Band the ribbon ['rɪbən] 17
die Bank the bank [bæŋk] 39
der Bart the beard [bɪəd] 5
das Base the base [beɪs] 51
der Baseball the baseball ['beɪsbɔ:l] 51
der Baseballhandschuh the baseball glove ['beɪsbɔ:l‿glʌv] 51
der Baseballschläger the baseball bat ['beɪsbɔ:l‿bæt] 51
der Baseballspieler the baseball player ['beɪsbɔ:l‿pleɪə] 51
der Basketball the basketball ['ba:skɪtbɔ:l] 50
der Basketballspieler the basketball player ['ba:skɪtbɔ:l‿pleɪə] 50
die Batterie the battery ['bætrɪ] 56
der Bauch the tummy ['tʌmɪ] 33
bauen to build [bɪld] 56
der Bauer the farmer ['fa:mə] 45
der Bauernhof the farm [fa:m] 44
der Baum the tree [tri:] 42
das Bein the leg [leg] 33
bellen to bark [ba:k] 29
das Benzin the petrol ['petrəl] 38
der Berg the mountain ['maʊntɪn] 43
berühren to touch [tʌtʃ] 56
beschäftigt busy ['bɪzɪ] 56
der Besen the broom [bru:m] 56
das Bett the bed [bed] 11
das Bettlaken the sheet [ʃi:t] 10
bewölkt cloudy ['klaʊdɪ] 42
der Biber the beaver ['bi:və] 46
das Bild the picture ['pɪktʃə] 8
binden to tie [taɪ] 56
die Birne the pear [peə] 20
blasen to blow [bləʊ] 17
das Blatt the leaf [li:f] 42

(C column)

der Bleistift the pencil ['pensl] 25
der Bleistiftspitzer the pencil sharpener ['penslˌʃa:pnə] 25
der Blitz the lightning ['laɪtnɪŋ] 42
die Blume the flower ['flaʊə] 43
der Blumenkohl the cauliflower ['kɒlɪˌflaʊə] 20
der Blumentopf the flowerpot ['flaʊəpɒt] 14
die Bluse the blouse [blaʊz] 18
der Boden the floor [flɔ:] 12
der Bogen the bow [bəʊ] 31
die Bohne the bean [bi:n] 21
der Bohrer the drill [drɪl] 14
das Bonbon the sweet [swi:t] 16
das Boot the boat [bəʊt] 54
braten to roast [rəʊst] 6
die Bratpfanne the frying pan ['fraɪɪŋ‿pæn] 7
braun brown [braʊn] 34
brechen to break [breɪk] 48
breit wide [waɪd] 56
der Brief the letter ['letə] 41
der Briefkasten the letter-box ['letəbɒks] 41
die Briefmarke the stamp [stæmp] 56
die Brille the glasses ['gla:sɪz] 19
der Brokkoli the broccoli ['brɒkəlɪ] 20
das Brot the bread [bred] 22
mein Bruder my brother ['brʌðə] 5
die Brücke the bridge [brɪdʒ] 43
brüllen to roar [rɔ:] 27
der Brunnen the fountain ['faʊntɪn] 29
der Brunnen the well [wel] 44
die Brust the chest [tʃest] 33
das Buch the book [bʊk] 24
das Bücherregal the book shelf ['bʊkʃelf] 9
der Bürgersteig the pavement ['peɪvment] 39
die Buntstifte the crayons ['kreɪənz] 24
der Bus the bus [bʌs] 39
der Busfahrer the bus driver ['bʌsˌdraɪvə] 39
die Bushaltestelle the bus stop ['bʌs‿stɒp] 39
die Butter the butter ['bʌtə] 7

C

das Camping the camping ['kæmpɪŋ] 46
der Campingtisch the folding table ['fəʊldɪŋˌteɪbl] 28
die CD the CD [ˌsi:'di:] 8

der CD-Player the CD player [ˌsiːˈdiːˌpleɪə] 8
der Clown the clown [klaʊn] 30
das Comicheft the comic book [ˈkɒmɪkˌbʊk] 11
der Computer the computer [kəmˈpjuːtə] 24
die Couch the couch [kaʊtʃ] 9
der Couchtisch the coffee table [ˈkɒfɪˌteɪbl] 9
der Cowboy the cowboy [ˈkaʊbɔɪ] 56

D

das Dach the roof [ruːf] 40
der Daumen the thumb [θʌm] 33
die Decke the blanket [ˈblæŋkɪt] 10
die Decke the ceiling [ˈsiːlɪŋ] 56
dein, deine your [jɔː] 57
der Delfin the dolphin [ˈdɒlfɪn] 53
denken to think [θɪŋk] 25
Dezember December [dɪˈsembə] 57
dick thick [θɪk] 56
Die Monate Months [mʌnθs] 57
Die Ordnungszahlen Ordinal numbers [ˌɔːdɪnlˈnʌmbəz] 57
Die Tage Days [deɪz] 57
Die Zahlen Numbers [ˈnʌmbəz] 57
Dienstag Tuesday [ˈtjuːzdɪ] 57
der Dinosaurier the dinosaur [ˈdaɪnəsɔː] 34
dividieren to divide [dɪˈvaɪd] 25
Donnerstag Thursday [ˈθɜːzdeɪ] 57
der Drache the dragon [ˈdrægən] 56
der Drachen the kite [kaɪt] 29
draußen outside [ˌaʊtˈsaɪd] 57
drei three [θriː] 57
das Dreieck the triangle [ˈtraɪæŋgl] 56
dreihundert three hundred [ˌθriːˈhʌndrəd] 57
dreißig thirty [ˈθɜːtɪ] 57
dreizehn thirteen [ˌθɜːˈtiːn] 57
dribbeln to dribble [drɪbl] 50
drinnen inside [ˌɪnˈsaɪd] 57
dritter, dritte, drittes third [θɜːd] 57
drücken to push [pʊʃ] 56
dünn thin [θɪn] 56
dunkelblau dark blue [ˈdaːk ˈbluː] 35
die Dusche the shower [ˈʃaʊə] 13
duschen to take a shower [teɪk ə ˈʃaʊə] 13

E

die Ehefrau the wife [waɪf] 5
der Ehemann the husband [ˈhʌzbənd] 5
das Ei the egg [eg] 7
das Eichhörnchen the squirrel [ˈskwɪrəl] 28
der Eimer the bucket [ˈbʌkɪt] 37
eine Million one million [ˌwʌnˈmɪljən] 57
einfach easy [ˈiːzɪ] 56

der Eingang the entrance [ˈentrəns] 35
das Einhorn the unicorn [ˈjuːnɪkɔːn] 56
einhundert one hundred [ˌwʌnˈhʌndrəd] 57
die Einkaufstüte the bag [bæg] 21
der Einkaufswagen the trolley [ˈtrɒlɪ] 21
das Einkaufszentrum the shopping centre [ˈʃɒpɪŋˌsentə] 18
eins one [wʌn] 57
eintausend one thousand [ˌwʌnˈθaʊznd] 57
die Eintrittskarte the ticket [ˈtɪkɪt] 31
das Eis the ice cream [ˌaɪsˈkriːm] 41
das Eis the ice [aɪs] 49
der Eisbär the polar bear [ˌpəʊləˈbeə] 27
die Eisdiele the ice cream shop [ˈaɪskriːmˌʃɒp] 41
der Elefant the elephant [ˈelɪfənt] 26
elf eleven [ɪˈlevn] 57
der Ellbogen the elbow [ˈelbəʊ] 33
das Ende the end [end] 56
eng narrow [ˈnærəʊ] 56
die Ente the duck [dʌk] 44
er he [hiː] 57
Erdbeere strawberry [ˈstrɔːbərɪ] 41
die Erde the Earth [ɜːθ] 34
die Erdnuss the peanut [ˈpiːnʌt] 56
der Erlebnispark the amusement park [əˈmjuːzmənt ˌpaːk] 30
erster, erste, erstes first [fɜːst] 57
es it [ɪt] 57
das Essen the food [fuːd] 7
essen to eat [iːt] 23
das Esszimmer the dining room [ˈdaɪnɪŋ ˌruːm] 56
euer, eure your [jɔː] 57
die Eule the owl [aʊl] 56

F

die Fäustlinge the mittens [ˈmɪtnz] 49
die Fahne the flag [flæg] 41
fahren to drive [draɪv] 39
das Fahrrad the bicycle [ˈbaɪsɪkl] 14
fallen to fall [fɔːl] 48
die Familie the family [ˈfæmlɪ] 4
fangen to catch [kætʃ] 51
die Farbe the colour [ˈkʌlə] 56
das Fass the barrel [ˈbærəl] 45
Februar February [ˈfebruərɪ] 57
das Federmäppchen the pencil case [ˈpensl ˌkeɪs] 25
die Fee the fairy [ˈfeərɪ] 56
das Feld the field [fiːld] 45
der Fels the rock [rɒk] 37
das Fenster the window [ˈwɪndəʊ] 11
das Fernglas the binoculars [baɪˈnɒkjʊləz] 46
der Fernseher the television [ˈtelɪˌvɪʒn] 9
das Feuer the fire [ˈfaɪə] 39
das Feuerwehrauto the fire engine [ˈfaɪərˌendʒɪn] 39
der Feuerwehrmann the firefighter [ˈfaɪəˌfaɪtə] 39
der Film the movie [ˈmuːvɪ] 41

der Finger the finger [ˈfɪŋgə] 33
der Fisch the fish [fɪʃ] 21
der Fisch the fish [fɪʃ] 52
fischen to fish [fɪʃ] 53
der Fischer the fisherman [ˈfɪʃəmən] 53
die Flasche the bottle [ˈbɒtl] 22
das Fleisch the meat [miːt] 21
fliegen to fly [flaɪ] 55
die Flossen the fins [fɪnz] 36
der Flughafen the airport [ˈeəpɔːt] 54
das Flugzeug the airplane [ˈeəpleɪn] 55
der Fluss the river [ˈrɪvə] 43
das Fohlen the colt [kəʊlt] 44
das Foto the photo [ˈfəʊtəʊ] 8
der Fotoapparat the camera [ˈkæmərə] 4
fotografieren to take photos [teɪk ˈfəʊtəʊz] 27
die Frage the question [ˈkwestʃən] 56
fragen to ask [aːsk] 25
die Frau the woman [ˈwʊmən] 5
Frau Mrs [ˈmɪsɪz] 57
Freitag Friday [ˈfraɪdeɪ] 57
frieren to be cold [bɪ ˈkəʊld] 49
das Frisbee the Frisbee [ˈfrɪzbiː] 29
der Friseur the hairdresser [ˈheəˌdresə] 40
der Friseursalon the hairdresser's [ˈheəˌdresəz] 40
der Frosch the frog [frɒg] 44
früh early [ˈɜːlɪ] 57
der Frühling the spring [sprɪŋ] 56
das Frühstück the breakfast [ˈbrekfəst] 56
der Fuchs the fox [fɒks] 43
der Führer the guide [gaɪd] 26
fünf five [faɪv] 57
fünfhundert five hundred [ˌfaɪvˈhʌndrəd] 57
fünfter, fünfte, fünftes fifth [fɪfθ] 57
fünfzehn fifteen [ˌfɪfˈtiːn] 57
fünfzig fifty [ˈfɪftɪ] 57
der Fuß the foot [fʊt] 33
Fußball soccer [ˈsɒkə] 50
der Fußball the soccer ball [ˈsɒkə ˌbɔːl] 50
der Fußballspieler the soccer player [ˈsɒkəˌpleɪə] 50

G

die Gabel the fork [fɔːk] 16
die Gärtnerin the gardener [ˈgaːdnə] 45
der Gang the aisle [aɪl] 21
die Gans the goose [guːs] 44
der Garten the garden [ˈgaːdn] 45
die Gazelle the gazelle [gəˈzel] 27
das Gebäude the building [ˈbɪldɪŋ] 39
geben to give [gɪv] 16
die Geburtstagskarte the birthday card [ˈbɜːθdeɪ ˌkaːd] 17
die Geburtstagsparty the birthday party [ˈbɜːθdeɪˌpaːtɪ] 16
das Gefrierfach the freezer [ˈfriːzə] 7
gehen to walk [wɔːk] 38
gehen to go [gəʊ] 56
die Geige the violin [ˌvaɪəˈlɪn] 56
der Geist the ghost [gəʊst] 30

die Geisterbahn the ghost train ['gəʊst‿treɪn] 30
gelb yellow ['jeləʊ] 35
das Geld the money ['mʌnɪ] 18
das Gemälde the painting ['peɪntɪŋ] 35
das Gemüse the vegetables ['vedʒtəblz] 20
der Gemüseladen the greengrocer's ['griːn,grəʊsəz] 40
gerade straight [streɪt] 56
das Geschenk the present ['preznt] 17
das Geschenkpapier the wrapping paper ['ræpɪŋ,peɪpə] 17
die Geschichte the story ['stɔːrɪ] 56
das Geschirr the dishes ['dɪʃɪz] 6
geschlossen closed [kləʊzd] 52
das Gesicht the face [feɪs] 33
gestern yesterday ['jestədɪ] 57
das Getränk the drink [drɪŋk] 36
gießen to pour [pɔː] 23
der Gips the plaster cast ['plɑːstə‿kɑːst] 32
die Giraffe the giraffe [dʒɪˈrɑːf] 27
die Gitarre the guitar [gɪˈtɑː] 56
glänzend shiny ['ʃaɪnɪ] 53
das Glas the glass [glɑːs] 22
der Globus the globe [gləʊb] 25
glücklich happy ['hæpɪ] 56
der Gorilla the gorilla [gəˈrɪlə] 26
das Gras the grass [grɑːs] 29
grau grey [greɪ] 35
der Grill the grill [grɪl] 47
groß big [bɪg] 56
grün green [griːn] 35
die grüne Paprika the green pepper ['griːn 'pepə] 20
der Gürtel the belt [belt] 19
Guten Tag hello [həˈləʊ] 39

H

der Haarschnitt the haircut ['heəkʌt] 40
haben to have [hæv] 56
hängen to hang [hæŋ] 26
das Häuschen the cottage ['kɒtɪdʒ] 42
der Hahn the rooster ['ruːstə] 45
der Hai the shark [ʃɑːk] 52
hallo hi [haɪ] 39
der Hals the neck [nek] 33
die Halskette the necklace ['nekləs] 5
der Hammer the hammer ['hæmə] 15
die Hand the hand [hænd] 33
das Handgelenk the wrist [rɪst] 33
die Handschuhe the gloves [glʌvz] 49
die Handtasche the handbag ['hændbæg] 18
das Handtuch the towel ['taʊəl] 13
hart hard [hɑːd] 56
der Hase the rabbit ['ræbɪt] 43
das Haus the house [haʊs] 40
die Hausaufgabe the homework ['həʊmwɜːk] 24
der Hausschuh the slipper ['slɪpə] 10
der Hefter the stapler ['steɪplə] 25

die Heftklammern the staples ['steɪplz] 56
heiß hot [hɒt] 22
der Held the hero ['hɪərəʊ] 56
hellblau light blue ['laɪt 'bluː] 35
der Helm the helmet ['helmɪt] 29
das Hemd the shirt [ʃɜːt] 19
die Henne the hen [hen] 45
der Herbst the autumn ['ɔːtəm] 56
der Herd the stove [stəʊv] 7
Herr Mr ['mɪstə] 57
das Herz the heart [hɑːt] 30
das Heu the hay [heɪ] 44
heute today [təˈdeɪ] 57
die Hexe the witch [wɪtʃ] 56
hinauf up [ʌp] 19
hinter behind [bɪˈhaɪnd] 57
hinunter down [daʊn] 19
die Hitze the heat [hiːt] 56
hoch high [haɪ] 31
hoch up [ʌp] 57
der Hocker the stool [stuːl] 56
der Hockeyschläger the hockey stick ['hɒkɪ‿stɪk] 49
der Hockeyspieler the hockey player ['hɒkɪ,pleɪə] 49
die Höhle the cave [keɪv] 53
hören to hear [hɪə] 56
der Honig the honey ['hʌnɪ] 6
das Horn the horn [hɔːn] 27
die Hose the trousers ['traʊzəz] 19
die Hosentasche the pocket ['pɒkɪt] 19
das Hotel the hotel [,həʊˈtel] 38
der Hubschrauber the helicopter ['helɪkɒptə] 55
die Hüfte the hip [hɪp] 33
der Hügel the hill [hɪl] 43
das Hühnchen the chicken ['tʃɪkɪn] 22
der Hühnerstall the chicken coop ['tʃɪkɪn‿kuːp] 45
das Hündchen the puppy ['pʌpɪ] 5
der Hummer the lobster ['lɒbstə] 53
der Hund the dog [dɒg] 4
hungrig sein to be hungry [bɪ 'hʌŋgrɪ] 22
der Hut the hat [hæt] 19

I

ich I [aɪ] 57
ihr, ihre her [hɜː] 57
ihr, ihre their [ðeə] 57
in in [ɪn] 57
die Inlineskates the in-line skates ['ɪnlaɪn‿skeɪts] 29
die Insel the island ['aɪlənd] 36

J

ja yes ['jes] 57
die Jacke the jacket ['dʒækɪt] 48
das Jahr the year [jɪə] 57
Januar January ['dʒænjʊərɪ] 57
die Jeans the jeans [dʒiːnz] 19

der Joghurt the yogurt ['jɒgət] 21
Juli July [dʒuːˈlaɪ] 57
der Junge the boy [bɔɪ] 5
das Junge the cub [kʌb] 27
Juni June [dʒuːn] 57

K

der Käse the cheese [tʃiːz] 7
das Kätzchen the kitten ['kɪtn] 5
der Kaffee the coffee ['kɒfɪ] 23
das Kalb the calf [kɑːf] 44
der Kalender the calendar ['kæləndə] 24
der Kamm the comb [kəʊm] 12
der Kapitän the captain ['kæptɪn] 55
das Kapitel the chapter ['tʃæptə] 56
kariert plaid [plæd] 56
die Karotte the carrot ['kærət] 20
die Kartoffelchips the potato chips [pəˈteɪtəʊ‿tʃɪps] 28
das Karussell the merry-go-round ['merɪgəʊ,raʊnd] 31
das Kasperletheater the Punch and Judy Show [,pʌntʃn'dʒuːdɪ‿ʃəʊ] 31
die Kassette the cassette tape [kəˈset‿teɪp] 8
der Kassettenrekorder the tape player ['teɪp,pleɪə] 8
die Katze the cat [kæt] 9
kaufen to buy [baɪ] 18
der Kaugummi the gum [gʌm] 56
der Keks the biscuit ['bɪskɪt] 7
der Kellner the waiter ['weɪtə] 23
die Kellnerin the waitress ['weɪtrəs] 22
die Kerze the candle ['kændl] 17
das Kinn the chin [tʃɪn] 33
das Kino the cinema ['sɪnəmə] 41
die Kirsche the cherry ['tʃerɪ] 20
das Kissen the pillow ['pɪləʊ] 11
das Klassenzimmer the classroom ['klɑːsruːm] 24
klatschen to clap [klæp] 48
das Klavier the piano [pɪˈænəʊ] 8
Klavier spielen to play the piano [pleɪ ðə pɪˈænəʊ] 8
der Klebstoff the glue [gluː] 24
das Kleid the dress [dres] 18
der Kleiderbügel the clothes hanger ['kləʊðz,hæŋə] 11
die Kleidung the clothes ['kləʊðz] 56
klein small [smɔːl] 56
das Kleingeld the change [tʃeɪndʒ] 18
die Kleinstadt the town [taʊn] 40
klettern to climb [klaɪm] 26
das Knie the knee [niː] 33
der Knoblauch the garlic ['gɑːlɪk] 20
der Knochen the bone [bəʊn] 56
der Knöchel the ankle ['æŋkl] 33
der Kobold the elf [elf] 56
kochen to boil [bɔɪl] 7
kochen to cook [kʊk] 7
der König the king [kɪŋ] 56
die Königin the queen [kwiːn] 56

können can [kæn] 56
der Koffer the suitcase ['suːtkeɪs] 54
der Kohl the cabbage ['kæbɪdʒ] 20
die Kommode the chest of drawers [ˌtʃest_əv'drɔːz] 10
der Kontrollturm the control tower [kən'trəʊlˌtaʊə] 55
das Konzert the concert ['kɒnsət] 31
der Kopf the head [hed] 33
die Kopfhörer the headphones ['hedfəʊnz] 8
der Kopfsalat the lettuce ['letɪs] 20
die Koralle the coral ['kɒrəl] 52
der Korb the basket ['baːskɪt] 50
der Krake the octopus ['ɒktəpəs] 53
krank sein to be ill [bɪ 'ɪl] 33
das Krankenhaus the hospital ['hɒspɪtl] 32
der Krankenpfleger the male nurse ['meɪl 'nɜːs] 33
die Krankenschwester the nurse [nɜːs] 32
kratzen to scratch [skrætʃ] 26
die Krawatte the tie [taɪ] 19
der Krebs the crab [kræb] 53
die Kreide the chalk [tʃɔːk] 25
der Kreis the circle ['sɜːkl] 56
das Kreuzfahrtschiff the cruise ship ['kruːzˌʃɪp] 54
das Krokodil the crocodile ['krɒkədaɪl] 26
die Krone the crown [kraʊn] 56
der Kuchen the cake [keɪk] 17
die Küche the kitchen ['kɪtʃən] 6
die Kühlbox the cooler ['kuːlə] 36
der Kühlschrank the fridge [frɪdʒ] 7
küssen to kiss [kɪs] 56
die Kuh the cow [kaʊ] 44
der Kunde the customer ['kʌstəmə] 19
die Kunst the art [aːt] 35
kurz short [ʃɔːt] 56

L

der Laden the shop [ʃɒp] 38
lächeln to smile [smaɪl] 4
das Lächeln the smile [smaɪl] 17
das Lagerfeuer the campfire ['kæmpˌfaɪə] 47
das Lamm the lamb [læm] 44
die Lampe the lamp [læmp] 9
das Land the countryside ['kʌntrɪsaɪd] 42
landen to land [lænd] 54
die Landkarte the map [mæp] 46
langweilig boring ['bɔːrɪŋ] 56
der Lastwagen the lorry ['lɒrɪ] 38
laufen to run [rʌn] 50
laut loud [laʊd] 39
die Lautsprecher the loudspeakers [ˌlaʊd'spiːkəz] 31
leben to live [lɪv] 56
der Lehrer the teacher ['tiːtʃə] 24
die Lehrerin the teacher ['tiːtʃə] 24
leicht light [laɪt] 26
die Leiter the ladder ['lædə] 39

der Leopard the leopard ['lepəd] 27
lernen to study ['stʌdɪ] 56
lesen to read [riːd] 24
der Leuchtturm the lighthouse ['laɪthaʊs] 36
das Licht the light [laɪt] 10
der Lichtschalter the light switch ['laɪt_swɪtʃ] 11
lieben to love [lʌv] 56
der Lieferwagen the van [væn] 38
lila purple ['pɜːpl] 35
die Limonade the lemonade [ˌleməˈneɪd] 28
das Lineal the ruler ['ruːlə] 15
links left [left] 18
das Loch the hole [həʊl] 14
der Löffel the spoon [spuːn] 16
der Löwe the lion ['laɪən] 27
die Löwin the lioness ['laɪənes] 27

M

machen to make [meɪk] 56
das Mädchen the girl [gɜːl] 5
März March [maːtʃ] 57
magenta magenta [mə'dʒentə] 56
Mai May [meɪ] 57
der Mais the maize [meɪz] 45
malen to paint [peɪnt] 40
der Maler the painter ['peɪntə] 40
meine Mama my mum [mʌm] 4
der Mann the man [mæn] 5
die Mannschaft the team [tiːm] 51
der Mantel the coat [kəʊt] 49
die Mathematik the maths [mæθs] 25
die Maus the mouse [maʊs] 45
der Mechaniker the mechanic [mɪ'kænɪk] 55
das Medikament the medicine ['medsn] 32
der Medizinschrank the medicine cabinet ['medsnˌkæbɪnət] 12
das Mehl the flour ['flaʊə] 6
mein, meine my [maɪ] 57
der Messbecher the measuring cup ['meʒərɪŋ_kʌp] 6
das Messer the knife [naɪf] 16
das Mikrofon the microphone ['maɪkrəfəʊn] 31
die Mikrowelle the microwave oven ['maɪkrəweɪfˌʌvən] 6
die Milch the milk [mɪlk] 6
die Minute the minute ['mɪnɪt] 57
mit with [wɪð] 57
das Mittagessen the lunch [lʌntʃ] 56
Mittwoch Wednesday ['wenzdeɪ] 57
mögen to like [laɪk] 56
die Möwe the seagull ['siːgʌl] 37
der Monat the month [mʌnθ] 57
der Mond the moon [muːn] 34
das Monster the monster ['mɒnstə] 30
Montag Monday ['mʌndeɪ] 57
morgen tomorrow [tə'mɒrəʊ] 57

das Motorrad the motorcycle ['məʊtəˌsaɪkl] 41
der Motorroller the scooter ['skuːtə] 39
müde tired ['taɪəd] 56
das Müsli the muesli ['mjuːʒlɪ] 21
die Mütze the cap [kæp] 46
multiplizieren to multiply ['mʌltɪplaɪ] 25
die Mumie the mummy ['mʌmɪ] 35
der Mund the mouth [maʊθ] 33
die Muschel the seashell ['siːʃel] 36
die Muschel the conch [kɒntʃ] 52
das Museum the museum [mjuː'zɪəm] 34
die Musik the music ['mjuːzɪk] 10
die Musikkapelle the band [bænd] 41

N

die Nachspeise the dessert [dɪ'zɜːt] 23
nähen to sew [səʊ] 56
der Nagel the nail [neɪl] 15
der Name the name [neɪm] 56
die Nase the nose [nəʊz] 33
das Nashorn the rhinoceros [raɪ'nɒsərəs] 27
nass wet [wet] 13
neben beside [bɪ'saɪd] 57
nehmen to take [teɪk] 56
nein no [nəʊ] 57
das Nest the nest [nest] 46
das Netz the net [net] 37
neun nine [naɪn] 57
neunhundert nine hundred [ˌnaɪn'hʌndrəd] 57
neunter, neunte, neuntes ninth [naɪnθ] 57
neunzehn nineteen [ˌnaɪn'tiːn] 57
neunzig ninety ['naɪntɪ] 57
niedrig low [ləʊ] 31
niesen to sneeze [sniːz] 28
das Nilpferd the hippopotamus [ˌhɪpə'pɒtəməs] 26
November November [nəʊ'vembə] 57
null zero ['zɪərəʊ] 57
die Nuss the nut [nʌt] 28

O

die Oberseite the top [tɒp] 56
das Obst the fruit [fruːt] 20
das öffentliche Telefon the payphone ['peɪfəʊn] 39
öffnen to open ['əʊpən] 17
der Ofen the oven ['ʌvən] 6
offen open ['əʊpən] 52
das Ohr the ear [ɪə] 33
Oktober October [ɒk'təʊbə] 57
meine Oma my grandma ['grænmaː] 4
mein Onkel my uncle ['ʌŋkl] 4
mein Opa my grandpa ['grænpaː] 4
die Orange the orange ['ɒrɪndʒ] 20
orange orange ['ɒrɪndʒ] 35

der Orangensaft the orange juice
['ɒrɪndʒ_dʒuːs] 7

der Ozean the ocean ['əʊʃən] 52

P

die Palme the palmtree ['pɑːmtriː] 37

mein Papa my dad [dæd] 4

das Parfüm the perfume ['pɜːfjuːm] 12

der Park the park [pɑːk] 28

die Parkbank the bench [bentʃ] 41

der Passagier the passenger
['pæsɪndʒə] 55

der Pfad the trail [treɪl] 47

der Pfeffer the pepper ['pepə] 23

pfeifen to whistle [wɪsl] 56

der Pfeil the arrow ['ærəʊ] 31

das Pferd the horse [hɔːs] 44

die Pflanze the plant [plɑːnt] 9

die Pflaume the plum [plʌm] 20

das Picknick the picnic ['pɪknɪk] 28

der Picknickkorb the picnic basket
['pɪknɪk,bɑːskɪt] 28

der Pilot the pilot ['paɪlət] 54

der Pinsel the paintbrush ['peɪntbrʌʃ] 40

die Pizza the pizza ['piːtsə] 23

der Polizist the police officer
[pə'liːs,ɒfɪsə] 39

das Postamt the post office
['pəʊst,ɒfɪs] 41

das Poster the poster ['pəʊstə] 10

der Preis the price [praɪs] 18

der Prinz the prince [prɪns] 56

die Prinzessin the princess [prɪn'ses] 56

der Puck the puck [pʌk] 49

der Pullover the sweater ['swetə] 48

die Puppe the doll [dɒl] 10

die Pyramide the pyramid
[pɪrəmɪd] 35

Q

die Qualle the jelly fish ['dʒelɪfɪʃ] 52

R

das Rad the wheel [wiːl] 14

der Radiergummi the eraser [ɪ'reɪzə] 25

das Radio the radio ['reɪdɪəʊ] 10

die Rakete the rocket ['rɒkɪt] 34

der Rasierapparat the electric razor
[ɪ'lektrɪk 'reɪzə] 12

raten to guess [ges] 56

das Rathaus the town hall [,taʊn'hɔːl] 41

der Rauch the smoke [sməʊk] 47

der Rechen the rake [reɪk] 14

rechts right [raɪt] 18

das Regal the shelf [ʃelf] 21

der Regen the rain [reɪn] 42

der Regenbogen the rainbow ['reɪnbəʊ] 43

der Regenmantel the raincoat
['reɪnkəʊt] 42

der Regenschirm the umbrella
[ʌm'brelə] 42

regnen to rain [reɪn] 42

das Reh the deer [dɪə] 46

der Reis the rice [raɪs] 21

die Reise the travel ['trævl] 54

reisen to travel ['trævl] 54

der Reisepass the passport ['pɑːspɔːt] 55

der Reißverschluss the zipper ['zɪpə] 56

Reißverschluss zuziehen (den) to zip up
[zɪp 'ʌp] 18

reiten to ride [raɪd] 44

reparieren to repair [rɪ'peə] 14

das Restaurant the restaurant
['restərɒnt] 22

der Rettungsring the life preserver
['laɪf_prɪ,zɜːvə] 51

der Rettungsschwimmer the lifeguard
['laɪfgɑːd] 37

der Rettungswagen the ambulance
['æmbjələns] 32

riechen to smell [smel] 7

der Riese the giant ['dʒaɪənt] 56

das Riesenrad the big wheel [,bɪg'wiːl] 31

der Ring the ring [rɪŋ] 5

das Ringbuch the folder ['fəʊldə] 25

der Ritter the knight [naɪt] 56

der Rock the skirt [skɜːt] 18

das Röntgenbild the x-ray ['eksreɪ] 33

die Rollbahn the runway ['rʌnweɪ] 55

die Rollschuhe the roller skates
['rəʊlə_skeɪts] 28

der Rollstuhl the wheelchair ['wiːltʃeə] 32

die Rolltreppe the escalator ['eskəleɪtə] 55

rosa pink [pɪŋk] 35

rot red [red] 35

der Rucksack the rucksack ['rʌksæk] 25

der Rücken the back [bæk] 33

ruhig quiet ['kwaɪət] 56

die Rutsche the slide [slaɪd] 29

S

die Säge the saw [sɔː] 15

der Sänger the singer ['sɪŋə] 31

der Salat the salad ['sæləd] 22

das Salz the salt [sɔːlt] 23

Samstag, Sonnabend Saturday
['sætədeɪ] 57

der Sand the sand [sænd] 37

die Sandale the sandal ['sændl] 36

die Sandburg the sand castle
['sænd,kɑːsl] 37

der Sandkasten the sandbox
['sændbɒks] 29

das Sandwich the sandwich ['sænwɪdʒ] 28

der Sattel the saddle ['sædl] 44

sauber clean [kliːn] 12

die Schachtel the box [bɒks] 56

der Schäfer the shepherd ['ʃepəd] 44

das Schaf the sheep [ʃiːp] 44

der Schal the scarf [skɑːf] 49

der Schatz the treasure ['treʒə] 53

die Schaufel the shovel ['ʃʌvl] 48

die Schaukel the swing [swɪŋ] 29

schaukeln to swing [swɪŋ] 29

der Schenkel the thigh [θaɪ] 33

die Schere the scissors ['sɪzez] 40

die Scheune the barn [bɑːn] 45

schießen to kick [kɪk] 50

das Schiff the ship [ʃɪp] 55

das Schild the sign [saɪn] 28

der Schild the shield [ʃiːld] 56

die Schildkröte the turtle ['tɜːtl] 52

der Schimpanse the chimpanzee
[,tʃɪmpæn'ziː] 26

der Schlafanzug the pyjamas
[pə'dʒɑːməz] 10

schlafen to sleep [sliːp] 11

der Schlafsack the sleeping bag
['sliːpɪŋ_bæg] 47

das Schlafzimmer the bedroom
['bedruːm] 10

schlagen to hit [hɪt] 51

die Schlange the queue [kjuː] 31

die Schlange the snake [sneɪk] 47

der Schlauch the hose [həʊz] 45

die Schleife the bow [bəʊ] 17

der Schlepper the tugboat ['tʌgbəʊt] 54

schließen to close [kləʊz] 56

der Schlitten the sled [sled] 49

Schlittschuh laufen to ice-skate
['aɪs_skeɪt] 49

die Schlittschuhe the ice skates
['aɪs_skeɪts] 49

das Schloss the lock [lɒk] 14

das Schloss the castle ['kɑːsl] 56

der Schlüssel the key [kiː] 14

der Schmetterling the butterfly
['bʌtəflaɪ] 43

schmutzig dirty ['dɜːtɪ] 13

der Schnee the snow [snəʊ] 48

der Schneeball the snowball
['snəʊbɔːl] 49

der Schneemann the snowman
['snəʊmæn] 48

schneiden to cut [kʌt] 23

der Schnorchel the snorkel ['snɔːkl] 36

schön beautiful ['bjuːtəfl] 56

Schokolade chocolate ['tʃɒklət] 41

der Schokoriegel the chocolate bar
['tʃɒklət_bɑː] 56

der Schrank the cupboard ['kʌbəd] 6

der Schrank the closet ['klɒzɪt] 11

die Schraube the screw [skruː] 14

der Schraubenschlüssel the wrench
[rentʃ] 15

der Schraubenzieher the screwdriver
['skruː,draɪvə] 15

der Schreibtisch the desk [desk] 10

schreien to shout [ʃaʊt] 49

die Schublade the drawer [drɔː] 11

der Schüler the pupil ['pjuːpl] 24

die Schülerin the pupil ['pjuːpl] 24

die Schürze the apron ['eɪprən] 6

die Schüssel the bowl [bəʊl] 6

der Schuh the shoe [ʃuː] 18

Englisch – keine Hexerei
Liebevoll illustriertes Buch plus Hörspiel
auf 2 Audio-CDs
ISBN 3-468-20376-4

Französisch – keine Hexerei
ISBN 3-468-20366-7

Spuk im Hexenhaus
Neue spannende Hexen-Abenteuer
ISBN 3-468-20372-1

Neue Englisch-Hexereien
ISBN 3-468-20374-8

Malen, Rätseln, Englisch lernen
mit Hexe Huckla
Lustiges Spiel-, Bastel- und Malbuch
mit den kleinen Hexen
ISBN 3-468-20365-9

Englisch mit Hexe Huckla
The Magic CD-ROM
Viele Spiele und tolle Songs sorgen
für Hexenspaß am Computer
ISBN 3-468-20461-2

Spielend Sprachen lernen

Englisch mit Ritter Rost – The Rusty King
Der beliebte Kinderbuchheld jetzt als
Englisch-Lehrer für Kinder
ISBN 3-408-20908-3

Englisch mit Ritter Rost – The Rusty Movie
ISBN 3-468-20369-1

Hexe-Huckla-Puppe
ISBN 3-468-73142-6

Hexe-Witchy-Puppe
ISBN 3-468-73143-4

Feste feiern – Englisch lernen
Lustige Feste feiern und spielerisch
Englisch lernen mit Reimen, Liedern
und Rezepten
ISBN 3-468-20401-9

mit Langenscheidt

Grundschulwörterbuch Englisch
Bunt illustriertes Wörterbuch
mit 1.000 Wörtern
ISBN 3-468-20410-8

Grundschulwörterbuch Französisch
ISBN 3-468-20420-5

Langenscheidt
Englisch – tierisch leicht
Eine witzige Geschichte zum Englischlernen
Buch + 1 Audio-CD
ISBN 3-468-20425-6

Zauberquartett Englisch
Ein Kartenspiel
zum Englischlernen
32 Karten
ISBN 3-468-20405-1

Zauber-Memo Englisch
Ein Bilderlegespiel
zum Englischlernen
64 Kärtchen
ISBN 3-468-20404-3

Langenscheidt
...weil Sprachen verbinden